RÉPONSE

DE

M. GILLMAN

Défendeur BERTON.

A. la Note imprimée de M. Innocent

Demandeur CESSELIN.

PARIS

IMPRIMERIE ET LITHOGRAPHIE Vᵉˢ RENOU, MAULDE ET COCK

144, RUE DE RIVOLI, 144

1874

RÉPONSE

DE

M. GILLMAN

Défendeur

A la Note imprimée de M. Innocent

Demandeur

BERTON.

CESSELIN.

TRIBUNAL CIVIL

DE LA SEINE

DEUXIÈME CHAMBRE

Président
M. GUYARD

Juge Rapporteur
M. MULLE.

Notre intention n'était point, après avoir plaidé, de publier une Note.

M. Innocent nous y force.

Puisqu'il a cru nécessaire de revenir à la charge et qu'il essaie, encore une fois, d'égarer la justice sur les véritables faits du procès, il est de notre devoir, et il ne nous déplaît nullement, d'ailleurs, de recommencer la lutte. Nous suivrons pas à pas M. Innocent sur le terrain où il lui a convenu de se placer. Si la tâche est aride, elle aura, du moins, cet avantage, de nous permettre de signaler au fur et à mesure tout ce qu'il y a d'artifices, d'omissions et d'inexactitudes dans la Note fort habilement rédigée, qu'il a fait distribuer depuis la réplique de son honorable avocat, et à laquelle nous allons répondre.

Cela fait, le Tribunal pourra juger en connaissance de cause.

§ 1ʳ.

M. Innocent, dans sa Note, commence par exposer, à sa façon, la situation des mines du Corsente, en 1867, au moment d'un projet de traité intervenu alors entre M. Gillman et les deux frères Allard.

Rappelant que la Société Nicolas et Cⁱᵉ était propriétaire :

1° De la concession de ces mines ;

2° De l'usine de la Vagnina, construite sur des terrains loués tant à la commune de Mornese qu'au marquis Ristori ;

3° De la prise d'eau sur la rivière du Corsente,

M. Innocent déclare que, par un acte sous seing privé, en date du 24 novembre 1861, — dont il prétend, à tort, avoir remis l'original à M. Gillman, — acte intervenu entre Pascal Nicolas, liquidateur de la Société A. Nicolas et Cⁱᵉ, et les sieurs Allard frères, ces derniers avaient été investis de tous les droits, sans exception, appartenant à ladite Société soit sur la concession même, soit sur la prise d'eau, soit sur les terrains de la commune de Mornese ou du marquis Ristori;

Que le marquis Ristori, ayant expulsé Nicolas et Cⁱᵉ, par autorité de justice, en 1861, du terrain qu'il leur avait loué, les frères Allard avaient obtenu de lui de reprendre comme locataires les lieux loués :

Que plus tard, un sieur Gaud, créancier des frères Allard et leur associé, étant devenu liquidateur de la Société Nicolas et Cⁱᵉ, réussit, par une manœuvre audacieuse, à les déposséder de l'entreprise et à la céder à une Société Bataille et Cⁱᵉ, derrière laquelle il se dissimulait lui-même.

Et M. Innocent résume ainsi la situation :

La propriété des concessions reposait toujours, en 1867, sur Nicolas et Cⁱᵉ.

L'exploitation sans réserve, avec ses accessoires, y compris la prise d'eau, appartenait à Allard frères en vertu de l'acte Nicolas et Cⁱᵉ, de 1861, et du bail Ristori, de 1864.

La possession était aux mains de Bataille et Cⁱᵉ.

Voilà la version de M. Innocent, voici maintenant la vérité.

L'acte du 24 novembre 1861 n'a jamais été qu'un acte provisoire, ce qu'on se garde bien de dire.

Il porte textuellement ce qui suit :

« Art. 2. — MM. Allard frères auront le droit de procéder, *pendant
a six mois*, à la vérification et à l'exploitation desdits gisements.

a Art. 4. — Si, après les six mois accordés pour la vérification de ces
« gisements et de leur commencement d'exploitation, les susnommés ne
« la trouvaient pas avantageuse, ils se réservent la faculté, par simple
« avis postal adressé au liquidateur-gérant, de renoncer à ladite exploi-
« tation.

« Art. 6. — Dans le cas contraire, si leur conviction est, après les six
« mois d'exploitation, que l'opération sera lucrative et qu'elle mérite
« d'être acceptée, *une Société sera alors constituée entre les susnommés
« sur les bases ci après.* »

« **Or**, cet acte définitif n'a jamais été signé ! »

Cependant Allard frères réussirent à se maintenir en possession pendant quatre ans, quoique ne remplissant pas leurs engagements envers la Société Nicolas et Cⁱᵉ. Mais après la mort de Pascal Nicolas, Gaud, nommé liquidateur en son lieu et place, procéda à l'expulsion des frères Allard, comme c'était, tout à la fois, son droit et son devoir.

Quelle était alors la situation de ces derniers? ils n'avaient plus à eux que le bail Ristori, de 1864. Car la concession des mines, le bail de la commune de Mornese et la prise d'eau, la Société Nicolas et Cⁱᵉ les avaient repris pour en donner l'exploitation à Bataille et Cⁱᵉ.

***

Et encore le bail Ristori n'avait, par lui-même, aucune valeur. Ainsi que le Tribunal l'a vu, par le plan qui a été placé sous ses yeux, l'usine de la Vagnina est construite, pour la plus grande partie, sur le terrain cédé par la commune de Mornese ; elle ne tient que par un faible côté au terrain Ristori.

Maintenant, que Gaud ait ou n'ait pas été créancier d'Allard frères, qu'il ait été ou non secrètement associé de Bataille et Cie, qu'est-ce que cela fait au procès ?

Toute la question est de savoir si Allard frères possédaient réellement ce qu'ils ont vendu à Innocent le 23 décembre 1868, c'est-à-dire :

« L'effet entier pour tout ce qui reste à courir :

« 1° Du bail de la fabrique, du cours d'eau y affecté, de la maison « d'habitation et du peu de terrain ... le tout sans exception ni réserve.

« Et 2° de l'autorisation d'une prise d'eau sur la rivière Corsente. »

Evidemment non.

Innocent, leur associé, pour obtenir 35,000 fr. de Gillman, faisait valoir que par le bail de 1864 ils avaient seuls droit, jusqu'en 1884, à l'usine de la Vagnina.

Et cependant il savait, à n'en pas douter, qu'en louant aux frères Allard la totalité de l'usine, le marquis Ristori avait excédé ses droits, la plus grande et la plus importante partie de cette usine se trouvant construite sur le terrain cédé par la commune de Mornese.

Le Tribunal en trouvera la preuve dans l'inscription prise au bureau des hypothèques de Novi, par M. Innocent lui-même, le 1er janvier 1869, et dans laquelle on lit :

« Une fabrique servant d'usine... avec toutes les machines mises « en mouvement par l'eau dérivant du Corsente, au moyen du canal, « expressément construit pour ladite fabrique, dans le terrain vendu par

« la commune de Mornese, par acte du 4 septembre 1851, rédigé par
« M. Morassi. »

Innocent faisait valoir encore, et surtout, **que les frères Allard
étaient personnellement concessionnaires de la prise d'eau sans
laquelle l'exploitation des mines était impossible.**

On lit tout au long, en effet, dans l'acte du 23 décembre 1868, dont il
est le rédacteur, qu'ils sont concessionnaires non pas en vertu de l'acte
du 24 novembre 1861, mais bien directement.

« En outre, les deux frères Allard *ont obtenu de l'autorité*, moyennant
« une redevance de 15 lires par an, une prise d'eau sur la rivière del
« Corsente, nécessaire pour mettre en mouvement la roue de la fabrique.»

Enfin, dans la lettre de M. Innocent à M. Gillmann, du 23 décembre
1868, il s'exprime ainsi :

« Par ces actes, ainsi que vous le verrez, M. Allard me cède tous les
« droits appartenant soit à la Société Allard frères, soit à chacun des
« membres de cette Société :

« Dans les concessions del Corsente ;

« Dans le bail Ristori de l'usine de la Vagnina ;

« Et *dans le cours d'eau.* »

Il résulte de tout ceci :

Que M. Innocent a fait croire à M. Gillman que les frères Allard
étaient concessionnaires directs d'une prise d'eau ;

Qu'il s'est gardé de lui dire que le bail Ristori ne pouvait avoir d'effet
que relativement à la partie de l'usine qui se trouve sur le terrain de ce
propriétaire ;

Que M. Gillman n'aurait jamais consenti à payer 35,000 fr. ce que
M. Innocent venait de se faire vendre par ses associés, les frères Allard,
moyennant 300 fr., s'il n'avait pas pensé acquérir pour le compte de

l'Association en participation une chose indispensable: *la prise d'eau* et l'intégralité du droit à la jouissance de l'usine jusqu'en 1884.

M. Gilman a donc été trompé. Il n'a pas attendu, pour se plaindre, l'instance actuelle, comme le lui reproche, bien à tort, la Note de M. Innocent. Heureusement, il n'avait pas payé la totalité des 35,000 francs au moment où il s'est aperçu des manœuvres dont il avait été victime. — La somme de 20,000 francs, qu'a déjà reçue M. Innocent, est de beaucoup supérieure à la valeur des prétendus droits Allard. — M. Gillman n'a pas formé d'action en répétition, par un motif trop facile à comprendre; une condamnation ne conduirait à rien qu'à des frais inutiles, mais il se refuse énergiquement et à juste raison, nous croyons l'avoir suffisamment démontré, à payer le solde de 15,000 francs qu'Innocent lui réclame, en prétendant, contre toute vérité (page 6 de sa Note), que, le 23 décembre 1868, il n'a pas été fait trois ventes distinctes par lui à M. Gillman, mais une seule cession de tout l'ensemble des droits se rattachant au Corsente, moyennant un prix unique de 120,000 francs.

« Dès lors, ajoute-t-il, il n'y a pas lieu de rechercher si les 35,000 fran c
« dus *après* la cession des droits Allard, mais non *à cause* de ladite cession,
« sont la représentation, plus ou moins exacte, de la valeur des droits
« appartenant à MM. Allard. »

C'est avouer expressément que les prétendus droits Allard ne valaient point 35,000 francs, et c'est se retrancher derrière une fin de non-recevoir inadmissible; il suffit, pour s'en convaincre, de relire les conventions.

§ 2.

Dans le paragraphe 2 de sa Note, M. Innocent explique comment lui et M. Gillman ont été amenés à s'occuper des mines du Corsente.

Ici encore, le vrai et le faux se trouvent habilement confondus.

Il est complétement inexact que M. Dean, frappé de la richesse des gisements du Corsente, ait exprimé à MM. Allard frères le désir de joindre cette concession à l'exploitation entreprise par la Société la *Liguria*.

Voici ce qui s'est passé :

Le 28 décembre 1867, M. Adolphe Allard proposait à M. Gillman, *représentant la Liguria*, un traité par lequel il cédait à ce dernier ès-noms tous ses droits et ceux de son frère sur les mines du Corsente, et où il prenait l'engagement de rendre *la Liguria* propriétaire de toutes les actions de la Société Nicolas et Cie, « dont les droits, réunis à ceux de MM. Allard, constituent *l'universalité.* » Cela voulait dire que la *Liguria* deviendrait ainsi propriétaire de la concession des mines, de l'usine de la *Vagnina*, y compris le bail de la commune de Mornese et le bail Ristori, et enfin *de la prise d'eau.*

Tout cela devait coûter à *la Liguria* 120,000 francs, par fractions de 10,000 francs, *pour l'achat des actions Nicolas et Cie*, et 220,000 franc^s espèces payables, aux frères Allard, à certaines époque stipulées au traité.

Mais ce traité, quoique ferme pour Allard frères, n'était que *conditionnel* pour la *Liguria* et restait subordonné au rapport que ferait M. Dean, ingénieur, sur les valeurs des mines.

« Si de ce rapport (dit le traité), il résulte que les mines dont il s'agit « valent en capital 1,000,000 fr., le présent sera également obligatoire « pour M. Gillman, ès-noms. »

Ce traité fut ratifié le même jour par l'Assemblée générale des actionnaires de la *Liguria*, au nombre desquels figurent MM. Allard et Innocent, qui signèrent le procès-verbal.

Maintenant qu'arriva-t-il ?

M. Dean visita les mines du Corsente, et, malgré la supercherie des frères Allard, consistant à faire mettre dans les mortiers où l'on broyait le minerai d'autres minerais plus riches provenant de gisements étrangers, il reconnut que ces mines étaient loin d'avoir la valeur que leur attribuaient Allard frères. De retour à Londres, il déclara à M. Gillman, qu'il lui était impossible de faire un rapport dans les termes du traité. Alors, M. Gillman, ayant convoqué une nouvelle Assemblée des Actionnaires de la *Liguria* et leur ayant fait savoir que le traité projeté avec Allard frères était inexécutable, l'Assemblée annula sa première délibération.

Donc, loin d'avoir été « frappé de la richesse des gisements du Cor- « sente » , M. Dean, au contraire, les a trouvés bien au-dessous de la valeur que leur attribuaient modestment les frères Allard.

.Ici, nous trouvons dans la Note l'aveu formel, par Innocent, d'une association entre lui et les sieurs Allard frères, pour réaliser le traité projeté entre ces derniers et M. Gillman, représentant la *Liguria*.

C'est le 23 décembre 1868, que la Compagnie la *Liguria* a définitivement repoussé le traité Allard. Et déjà M. Innocent avait réuni entre ses mains tous les droits ou prétendus droits afférents à l'entreprise du Corsente, c'est-à-dire les droits Nicolas et Cie, les prétendus droits Bataille et Cie et les droits, plus hypothétiques encore, des sieurs Allard frères.

Lui-même nous raconte (pages 3 et 4 de saN ote), comment il était parvenu à se rendre maître des droits Nicolas et Cie dès le 30 septembre 1868, pour 60,000 fr. qu'il n'avait pu payer que jusqu'à concurence de 2,000 fr., et des droits Bataille et Cie dès le 1er octobre (lendemain), pour 24,000 fr., également impayés. Quant aux droits des frères Allard, il est évident que son association avec eux, les mettait à son entière disposition.

Notons que, comme actionnaires de la *Liguria*, M. Innocent et les frères Allard avaient signé la mise au néant du projet de 1867. Mais Innocent reprit les pourparlers avec M. Gillman, agissant cette fois en son nom personnel. Il ne pouvait plus être question de 120,000 francs pour l'achat des actions Nicolas, puisque M. Innocent avait trouvé le moyen de ne les payer que 60,000 francs, ni de 220,000 francs. puisque cette somme n'avait été stipulée que pour le cas où M. Dean aurait établi, dans un rapport, que la concession valait un million au moins. M. Gill_ man avait été édifié sur ce dernier point par M. Dean. M. Innocent savait à quoi s'en tenir sur cette valeur d'un million et sur l'exagération donnée par les frères Allard à une concession dans laquelle la Société Nicolas et Cie avait englouti un capital de 500,000 francs ; et où, s'il fallait les en croire, les frères Allard auraient dépensé eux-mêmes plus de 50,000 francs en pure perte. Quoi d'étonnant, alors, que le traité qui allait intervenir entre M. Gillman et M. Innocent ait été fait sur d'autres bases que celles du projet de 1867 ?

Comment M. Innocent peut-il dire que M. Gillman, « profitant de la « nécessité où il se trouvait de traiter à tout prix, pour faire face aux « engagements contractés envers Nicolas et Cie, Bataille ET AUTRES, ob- « tint une modification importante aux termes de son premier con- « trat ?»

Nous allons voir, au contraire, de quelle façon habile M. Innocent sut rattraper les bénéfices stipulés dans le projet de traité Gillmann-Allard, tout en ayant l'air de consentir une réduction, et alors que, comme actionnaire de la *Liguria*, il avait reconnu que l'exécution du traité par cette Société était tout à fait impossible. M. Innocent trouve que 30 actions libérées, et 130,000 à prendre sur les produits nets de la première vente ou sur les produits nets de l'exploitation, ne sont pas une rémunération suffisante de ses peines et de ses soins ! C'est sans doute pour cela qu'en dehors des 35,000 francs Allard, il a fait payer à M. Gill-man la somme de 25,000 francs pour la prétendue acquisition des droits de Bataille et Cie.

Quand il s'engageait à payer cette somme, M. Gillman ne savait pas que, dès le 22 octobre 1868, la Commission de liquidation Nicolas et Cie, « sous l'inspiration » de M. Innocent (page 4 de la Note), avait assigné Gaud et Bataille et Cie en nullité du bail du 11 juillet 1865, et en rétrac-tation des deux jugements par défaut, de 1866 ; — nullité certaine, puis-que Gaud n'avait pas qualité pour faire le bail, —nullité prononcée depuis. — Il est évident que M. Gillman n'aurait jamais consenti à payer 25,000 francs ce qui n'avait aucune valeur; — qu'il a été trompé dans la cession des prétendus droits Bataille, comme il avait été trompé dans la cession des prétendus droits Allard, et qu'il aurait un recours certain à exercer contre M. Innocent, pour la totalité de la somme qu'il a indûment payée.

Ajoutons que M. Innocent, à l'insu de M. Gillman, a retiré, contre le versement de ces 25,000 francs, à Bataille et consorts, 33,000 francs de traites souscrites par son associé Allard, de telle sorte qu'il n'a réellement employé qu'une somme de 10,000 francs sur les 25,000 francs reçus de M. Gillman, et qu'il a bénéficié de la différence, soit par lui, soit par Allard.

Ajoutons, en outre, qu'après s'être servi de Bataille et Cⁱᵉ pour faire payer sans raison 25,000 fr. à M. Gillman, M. Innocent a voulu s'en servir encore pour faire payer 5,200 fr. à la liquidation Nicolas et Cⁱᵉ. — Nous supplions le Tribunal de prendre connaissance, au dossier, du dernier arrêt rendu par la Cour d'Aix entre Innocent, les liquidateurs et M. Gillman, et dans lequel on lit :

« Attendu, au fond, qu'il est justifié que la somme de 2,435 fr. qu'In
« nocent veut déduire de sa dette a été en effet payée à Agniel, en sa qua
« lité de liquidateur, et non à lui personnellement ;

« Que dès lors la prétention d'Innocent sur ce point doit être accueillie ;

« *Qu'il n'en est pas de même pour la somme de 5,200 fr. payée par*
« *Innocent pour l'acquisition des droits de Bataille ;*

« Qu'en effet Innocent n'établit pas que la Société lui ait jamais donné
« aucun mandat précis pour cette acquisition ;

« Qu'il l'a faite alors qn'il était déjà propriétaire des mines d'or ;

« Qu'il résulte de décisions diverses rendues par les Tribunaux ita
« liens :

« *Que Bataille était* SANS DROITS *sur les mines ;*

« *Qu'ainsi l'acquisition* des droits de Bataille est une opération FRUSTRA-
« TOIRE qui n'a profité en rien à la Société des mines d'or del Corsente,
« et qui ne peut pas être mise à sa charge. » (Aix, 21 juin 1873.)

§ 3.

Sous le paragraphe 3, M. Innocent s'efforce d'établir qu'il a entièrement
accompli toutes les obligations mises à sa charge par les conventions du
23 décembre 1868, et il soutient que dès la fin de novembre 1869 tout pré-
texte de non payement des 60,000 francs à la liquidation Nicolas et Cⁱ
avait disparu, ce qui n'avait pas empêché M. Gillman d'ajourner indé-
finiment l'exécution de son obligation de ce chef.

M. Innocent oublie qu'après avoir fait disparaître l'inscription prise au
profit de Bataille et consorts, il aurait dû, en outre, procurer à M. Gillman
la main-levée d'une saisie-arrêt faite entre les mains de celui-ci à la requête
du marquis Spinola le 10 janvier 1870 pour sûreté d'une somme de 12,000 fr.
à laquelle ce dernier fixait le montant des indemnités et des dégâts occasion-
nés par l'exploitation de la Société Nicolas et Cⁱᵉ à la superficie de terrains
lui appartenant qui se trouvent situés dans la région de la concession du
Corsente qui se nomme Alcione et Mayetta. Cette saisie-arrêt n'a été levée
que le 31 octobre 1872, au moyen d'une somme de 6,000 fr. payée par
les liquidateurs à M. Spinola ; et jusqu'à ce moment, toute exploitation
et toutes recherches ont été interdites par les agents du marquis à
M. Gillman, dans cette région qui est de beaucoup la plus riche en
métal, dans la concession du Corsente.

M. Innocent oublie, en outre, qu'il élevait lui-même la prétention de
prélever sur le prix revenant à la Société Nicolas différentes sommes,
notamment celle de 5,230 fr. 90, montant avec frais de ce qu'il aurait payé
pour obtenir la cession de certains droits Bataille et Cⁱᵉ, — que le liquidateur Nicolas et Cⁱᵉ, M. Perdrigeon, n'admettait pas ces prélèvements et
entendait exercer le retrait litigieux en ce qui concerne la somme de

5,230 fr. 90 c. Nous venons de voir ce qu'il est advenu de cette créance en 1873.

Aucun retard n'est donc imputable à M. Gillman. Il s'est empressé de transiger avec M. Perdrigeon, dès le 24 juin 1870, en lui payant une somme de 33,000 fr. sur les 58,000 fr. et en déposant le surplus chez un banquier de Marseille, à la garantie des créances réclamées par M. Innocent à la liquidation et de la saisie-arrêt Spinola et autres.

Ce n'est point la faute de M. Innocent si M. Gillman n'a point perdu cette somme de 33,000 fr. ; les anciens commissaires de la liquidation Nicolas, ayant réussi à faire annuler, par la Cour d'Aix, le jugement qui avait nommé M. Perdrigeon liquidateur à leur place, ont intenté une demande nouvelle en payement des 58,000 fr. et méconnu la validité du payement fait par M. Gillman. — Mais une deuxième transaction faite sur l'appel intenté par ces commissaires d'un jugement du Tribunal de commerce de Marseille, qui avait donné gain de cause à M. Gillman, a mis fin à tout débat. M. Gillman s'est libéré des 58,000 fr. qu'il avait pris l'engagement de payer en l'acquit de M. Innocent. De nouvelles oppositions sont survenues, et la somme qui les conserve reste déposée entre les mains d'un banquier jusqu'à ce qu'il en ait été donné main-levée. M. Innocent figure au nombre des créanciers opposants. A lui de hâter la solution de l'affaire. A lui de procurer à M. Gillman, entre les mains duquel la propriété Nicolas et Cᶦᵉ n'est pas encore libre de toutes charges, la main-levée et les radiations de l'inscription d'office prise contre Innocent au profit de la Société Nicolas et Cᶦᵉ, et de l'inscription prise par le même contre M. Gillman. Tant que ces inscriptions ne seront pas radiées, M. Innocent ne peut pas dire qu'il a rempli toutes ses obligations, et ses reproches à M. Gillman de chercher, dans un but inexplicable, des moyens d'ajournement indéfinis sont aussi mal venus que mal fondés.

§ 4.

Nous abordons la partie de notre travail de réfutation, de beaucoup la plus importante.

« Il est une question capitale, — dit M. Innocent, — qui mérite d'être « examinée et résolue par le Tribunal :

« M. Gillman peut-il imputer sur les 140,000 francs qu'il doit verser « dans la caisse de la Société, les 120,000 francs représentant le prix « total du Corsente à payer à M. Innocent ?

Et M. Innocent ne craint pas de soutenir qu'il résulte des conventions que M. Gillman s'est engagé à verser, en effet, 260,000 francs dans l'affaire, et que si l'on consulte la correspondance antérieure au contrat et les projets échangés entre les parties, on doit en conclure forcément que les 120,000 fr. dus à M. Innocent, pour le prix du Corsente, ne devaient, dans l'intention commune, se confondre en aucun point avec la constitution de la Société, les dépenses d'exploitation et le fonds de roulement nécessaire.

Nous disons, nous, que c'est là une audacieuse tentative de faire perdre 120,000 francs à M. Gillman, et nous nous engageons à démontrer que M. Innocent ne croit pas un mot de la thèse qu'il soutient :

Quel est son unique argument ?

« Faire l'imputation des 120,000 francs, prix des concessions, sur « les 140,000 francs stipulés par la Société, ce serait évidemment « réduire à un seul les deux apports auxquels M. Gillman était « obligé. »

Voici notre réponse :

Dans la pensée des parties et dans la réalité des choses, M. Gillman ne s'est engagé à faire qu'un seul apport : 140,000 fr.

M. Innocent parle de projets qui ont précédé la rédaction définitive des conventions du 23 décembre 1868. — Examinons les successivement; nous y trouverons la lumière.

I

Le premier projet est de M. Maillard, qui n'a jamais été l'homme d'affaires de M. Gillman, à Paris, mais qui a mis en relation M. Innocent et M. Gillman.

Dans ce projet, on établit une Société en participation entre M. Innocent, M. Gillman et autres.

M. Innocent apporte le contrat passé avec la société Nicolas,

Le contrat signé par Fontaine-Bataille.

Et il apportera, en outre, après les avoir acquis, tous les droits et avantages que peuvent posséder les frères Allard.

Il recevra, pour prix de ces différents apports, 250,000 fr. en argent et des actions libérées, savoir :

> 60,000 fr. pour payer Nicolas et Cⁱᵉ;
>
> 25,000 fr. pour payer Fontaine-Bataille;
>
> 35,000 fr. lors du transfert des concessions avec l'autorisation du Gouvernement italien ;
>
> ———
>
> 120,000 fr.
>
> 130,000 fr. prélevés par préférence sur les premiers profits nets.
>
> ———
>
> 250,000 fr.

La Société est divisée en 144 parts d'intérêts ou actions dont
> 84 libérées,
>
> et 60 attribuées à l'apport d'un capital de 6,000 livres sterling,
> (ce qui met l'action à 100 livres, soit 2,500 fr.).

Les 84 actions libérées appartiendront, savoir :

10 à M. Innocent,

10 à M. Krafft,

10 à MM. Allard,

6 à M. Maillard,

6 à M. Alart,

6 à M. Martin,

12 à M. Dean,

12 à M. Gillmann,

Et 12 réservées pour être émises et augmenter le capital, si c'était nécessaire.

Mais qui paiera, dans ce projet, les 120,000 francs argent, stipulés au profit de M. Innocent, et dont il a besoin pour payer, avant le 31 décembre 1868, la Compagnie Nicolas et, quelques temps après, Bataille et Cie ?

Est-ce M. Gillman ?

Nullement.

Ce sera au moyen de l'émission des 60 actions non libérées qui doivent, suivant les prévisions, produire un capital de 150,000 francs (6,000 livres).

Ce projet ne fut pas accepté par Innocent.

On le comprend sans peine.

Les actions à émettre pouvaient ne pas trouver amateurs;

Et il fallait payer à jour fixe Nicolas et Cie.

II

C'est alors que M. Innocent fait un second projet, qui est dans notre dossier, tout entier de sa main, et sur lequel nous appelons toute l'attention du Tribunal :

« Par-devant, etc.

« Ont comparu :

« M. Robert Gillman , négociant, demeurant à Londres, Great Winchester street, n° 30, en la Cité,

« Et M. Louis-Léon-Désiré Innocent, ancien notaire, propriétaire, « demeurant à Paris, rue des Écoles, n° 36,

« Lesquels ont, par le présent, établi les conventions suivantes :

« ARTICLE PREMIER.

« Il est formé entre MM. Gillman et Innocent et toutes les personnes « qui deviendront propriétaires des parts d'intérêts ou actions ci-après, « une association en participation telle que les lois la définissent.

« ART. 2.

« Cette participation a pour but unique *la vente* à son profit, en masse « ou par fractions, soit à prix sec, soit par mises en Société ou l'un et « l'autre modes, des concessions des mines aurifères, dites del Corsente, « accordées par décret de Sa Majesté le Roi Charles-Albert, du 7 mars « 1843, ainsi que de tous biens voisins et accessoires.

« Art. 3.

« *M. Gillman apporte et met en Société une somme de 150,000 francs,*
« *en espèces, qu'il tient à la disposition de l'opération.*

« Art. 4.

« De son côté, M. Innocent apporte à l'Association présentement for-
« mée :

« *Premièrement.*— L'effet entier des concessions minières susdites,
« s'appliquant aux terrains précités et déterminés, sis dans les communes
« de Cazaleggio-bo-iro et Parodi, arrondissement communal de Novi, avec
« tous les droits qui y sont inhérents, tels que constructions, prises d'eaux,
« outils, approvisionnements, loyers ; en un mot tout ce qui constituait,
« lors de l'achat l'ancienne Société A. Nicolas et Cⁱᵉ, sous la seule ré-
« serve des créances, encaissements et prétentions envers quiconque ;

« Et *deuxièmement.* — L'effet qui lui a été cédé par M. Allard, sui-
« vant acte de ce jour, dont M. Gillman a pris préalable connaissance
« et lecture :

« 1° De ce qui reste à courir d'un bail fait à M. Albert Allard, le
« 1ᵉʳ janvier 1864, pour vingt années, d'une propriété nommée Lava-
« gnina, appartenant à M. le marquis Ristori, sise en la commune de
« Cazaleggio-bo-iro, composée d'un grand bâtiment à usage de fabrique
« ou usine, d'une maison d'habitation et de quelques terrains accessoires.

« Et 2° de la prise d'eau sur la rivière Corsente, accordée par une déci-
« sion de l'autorité administrative.

« En conséquence, ladite Association en participation va faire et dis-
« poser de ces apports en toute propriété à compter de ce jour.... »

(Suivent : 1° un exposé des prétentions Bataille et de leur acquisition par Innocent,
qui s'oblige à en justifier ; 2° l'établissement de propriété.)

« **L'apport de M. Innocent est fait en nature, sous la con-**
« **dition qu'il recevra :**

« **1° Dès à présent, une somme de 120,000 francs sur le**
« **capital espèces de l'Association, sous la condition de se libé-**
« **rer sous..... des 58,000 francs qu'il redoit sur son prix, et de**
« **justifier, sous trois mois, de l'extinction de toutes les inscrip-**
« **tions;**

« **Et 2° sur les premiers bénéfices sociaux à réaliser, et à**
« **titre de préciput et hors, part une somme de 130,000 francs.**

Art. 5.

« Le capital de l'Association est divisé en cent quarante-quatre parts
« d'intérêts ou actions, savoir :

    « 102 à M. Gillman,

    « 30 à M. Innocent,

    « Et 12 mises en réserve pour nouveau capital, si nécessaire....

« Art. 6. »

(A continuer).

Ainsi, voilà qui est clair !

Selon M. Innocent lui-même, M. Gillman ne doit apporter dans la Société qu'une somme de 150,000 francs : le capital espèces.

Il n'est pas du tout question pour lui d'apporter autre chose. Tout le reste : droits Nicolas, droits Bataille et Allard, c'est M. Innocent seul qui doit en faire l'apport.

Et pour cet apport il recevra :

1° 120,000 fr. SUR LE CAPITAL ESPÈCES de l'Association,

C'est-à-dire 120,000 francs en échange des droits Nicolas et Cⁱᵉ, et des prétendus droits Bataille et Allard ; mais, « sous la condition de se libérer dans un délai de..... des 58,000 francs qu'il redoit sur son prix ;

2° 130,000 francs espèces à prendre sur les premiers bénéfices.

3° 30 parts libérées sur les 144 qui représenteront l'actif social.

Ce projet, il est vrai, ne fut pas accepté en entier par M. Gillman ; il y fit deux objections.

D'abord la somme de 150,000 francs à apporter par lui comme capital lui parut trop élevée. Avec le consentement de M. Innocent elle fut réduite à 140,000 francs.

L'autre objection était toute personnelle à M. Innocent, qui n'inspirait pas, il faut bien le dire, une grande confiance soit à M. Gillman, soit aux conseils de celui-ci. M. Gillman redoutait de verser à M. Innocent les 58,000 francs qui devaient servir à payer l'acquisition Nicolas, et craignait qu'ils n'arrivassent pas à destination ; enfin il avait à craindre que des inscriptions au profit de créanciers de M. Innocent ne vinssent à grever la concession Nicolas avant qu'elle eût été régulièrement transférée à l'association en participation.

Ce fut alors que, pour obvier à ces craintes légitimes, et sans modifier les bases fondamentales du projet qui venait d'être proposé par M. Innocent, on imagina la chose la plus simple du monde.

M. Innocent fit un transport à M. Gillman de la concession Nicolas et Cⁱᵉ par acte séparé, qui fut immédiatement envoyé à la transcription, au bureau des Hypothèques de Novi ; et M. Gillman, en retour, s'engagea à payer Nicolas et Cⁱᵉ pour le compte d'Innocent, et à rapporter, à reverser dans l'association en participation la concession Nicolas et Cⁱᵉ, désormais à l'abri des inscriptions qui auraient pu la grever du chef de M. Innocent.

Quant aux droits Bataille et Cie et Allard frères, fixés, on sait mainte- nant par quelles manœuvres, les premiers à 25,000 francs, les seconds à 35,000 francs, c'est M. Innocent qui en fera l'apport. Et c'est tout naturel. Il fallait bien qu'il apportât quelque chose, pour avoir droit à une rémunération quelconque!

Il est facile maintenant, avec les explications qui précèdent, de saisir du premier coup l'économie des conventions définitives, intervenues entre M. Innocent et M. Gillman, le 23 décembre 1868, et qui sont relatées dans deux écrits (deux instruments différents), le transport précité et un échange de lettres.

Voici ce qu'on lit dans la lettre de Gillman à Innocent :

« Comme conséquence de la vente que vous m'avez faite, par acte « de ce jour, des concessions des mines d'or du Corsente, je prends vis- « à-vis de vous les engagements suivants : »

Ainsi, les engagements que M. Gillman va prendre seront la « consé- quence » du transfert qui lui a été fait des droits Nicolas et Cie, par M. Innocent (pour éviter des inscriptions du chef des créanciers de ce dernier).

« 1° Il sera formé entre nous une association en participation, dont « le siége sera à Londres, ayant pour but l'exploitation ou la vente, soit « en totalité, soit par fractions des concessions des mines aurifères dites « du Corsente, etc.

« Mon apport dans la Société consistera dans les droits a la conces- « sion tels que vous me les avez cédés par acte de ce jour, et dans « la somme de 140,000 francs, que je m'engage a verser dans la caisse « de la Société. »

Faisons ici une simple observation :

Comment Innocent a-t-il cédé les droits? Libérés? Non. — Comment Gillman doit-il les rapporter à la Société? Tels qu'il lui ont été cédés, c'est-à-dire non libérés.

A ne prendre que le texte, on trouverait une raison suffisante, dans l'observation qui précède, pour repousser la prétention détestable que nous avons à combattre; mais, si l'on recherche l'intention des parties qu'il faut toujours consulter, y a-t-il un doute possible?

Quand on connaît les projets qui l'ont précédée, est-il possible d'interpréter autrement que nous le passage de la lettre de M. Gillman, que nous venons de transcrire?

On ne saurait trop le répéter :

M. Innocent avait demandé à M. Gillman (Voir son projet ci-dessus), d'apporter dans la Société 150,000 francs et rien de plus ; M. Gillman a trouvé que 140,000 francs suffiraient. M. Innocent a consenti à cette réduction.

A ce moment, il n'est pas encore question de faire passer la propriété de la concession, avec ses accessoires, sur la tête de M. Gillman. C'est M. Innocent qui doit l'apporter dans la Société, et recevoir en échange la somme de 60,000 francs à PRENDRE SUR LES 140,000 FRANCS QUE M. GILLMAN DOIT VERSER DANS LA CAISSE SOCIALE... pour remettre cette somme jusqu'à concurrence de 60,000 francs, à Nicolas et Cⁱᵉ.

Mais M. Gillman hésite :

« Si (dit-il à M. Innocent) je vous donne les 60,000 fr. qu'il vous
« faut pour payer à la liquidation Nicolas et Cⁱᵉ le prix de sa cession, il
« se pourrait que vous ne les remissiez pas, ou que des inscriptions
« grevant la concession de votre chef, vinssent à se révéler. Dans ces
« deux cas, mon argent serait perdu ! »

A quoi M. Innocent de répondre :

« Qu'à cela ne tienne! Je vais vous faire le transport des droits Nico-

« las et Cie. Vous pourrez alors les apporter vous-même dans notre
« Société. De cette façon, vous serez tranquille. Quant au prix du trans-
« port, il sera nécessairement, pour la forme, celui que je dois payer
« moi-même à la liquidation Nicolas et Cie, et vous le verserez entre les
« mains de celle-ci, à mon lieu et place. »

Et voilà pourquoi, dans sa lettre, M. Gillman s'engage à apporter dans
la Société ET la propriété des concessions du Corsente, ET la somme de
140,000 fr.

Cette concession lui a bien été transportée par M. Innocent, mais à la
condition qu'il la reversera dans la Société.

Or, si M. Innocent lui-même l'avait apportée en Société, M. Gillman
n'aurait eu à verser, lui, que 140,000 fr.

Comment peut-il avoir à verser 140,000 fr., plus 60,000 fr., prix du
transport que M. Innocent vient de lui faire, si, au lieu de garder pour
lui la chose transportée, il doit la reverser immédiatement dans la
Société?

N'est-il pas clair que c'est, en réalité, M. Innocent qui l'apporte, et
que M. Gillman n'est qu'un intermédiaire pour que l'apport à réaliser
soit mis à l'abri des créanciers de M. Innocent?

Et peut-on concevoir, dès lors, rien de plus audacieux que cette affir-
mation de M. Innocent, que M. Gillman doit apporter à la fois : les
140,000 francs, sur lesquels doivent être pris les 60,000 francs payables
à la liquidation Nicolas et Ce (voir son projet), et une nouvelle somme de
60,000 francs, qui doit être affectée à payer à cette même liquidation le
prix de la cession qu'elle a faite à M. Innocent?

Mais M. Innocent ne s'arrête pas en si beau chemin; c'est ici qu'il
imagine de traiter les 140,000 francs comme un capital, à verser par
M. Gillman, pour l'exploitation du Corsente et à soutenir que M. Gillman doit apporter en outre 120,000 francs pour servir à payer les droits
Nicolas et Cie... 60,000 fr.

Les droits Bataille et Cie...................... 25,000   »

Et les droits Allard.......................... 35,000   »

  140,000 francs d'une part,

  120,000 francs de l'autre,

en tout 260,000 francs ! ! !

Qui veut trop prouver ne prouve rien.

S'il fallait accepter un pareil raisonnement, qu'arriverait-il ? C'est que M. Innocent aurait fait, avec Gillman, une association où, pour sa part, il n'aurait apporté absolument rien. Cela est on ne peut plus facile à démontrer.

Pourquoi, par exemple, M. Gillman serait-il tenu de payer le prix dû à Nicolas et C*, en dehors des 140,000 francs à verser dans la caisse sociale ? Serait-ce par cette raison, invoquée par Innocent, qu'il en fait l'apport ? Mais alors, ce n'est pas M. Gillman, mais M. Innocent, qui devrait payer les 25,000 francs Bataille et les 35,000 francs Allard, puisque c'est ui, Innocent, qui doit les apporter dans la Société.

« Votre apport (dit la lettre Gillman à Innocent) consistera : 1° dans « la cession par vous à la Société de tous les droits et avantages que « MM. Allard possèdent..; 2° dans la cession qui vous a été, ou qui vous « sera faite, du bail des mines et de l'usine Corsente à MM. Bataille et Cie. »

Si donc, outre les 60,000 francs Nicolas et Cie, M. Gillman doit être appelé à payer les 25,000 francs Bataille et les 35,000 francs Allard, quelle sera la mise sociale de M. Innocent, d'après le système que lui-même cherche à faire accepter par le Tribunal ?

Mais alors, objecte M. Innocent, si M. Gillman avait raison, si les 120,000 francs à payer pour les droits réunis de Nicolas et Cie, de Bataille et Cie, et d'Allard frères (60 + 25 + 35 = 120), étaient imputés sur les 140,000 francs à verser par M. Gillman dans la caisse ciale, il ne resterait que 20,000 francs pour l'installation de l'usine, le matériel, et le fonds de roulement nécessaire à l'exploitation du Corsente, etc. (V. page 7 de sa Note.)

Il y a là, de la part de M. Innocent, une équivoque fort habile.

La lettre de M. Gillman à M. Innocent porte, il est vrai, que la Société en participation à former entre eux aura pour objet : « *l'exploitation ou « la vente, soit en totalité, soit par fractions*, de la concession des mines « aurifères dites del Corsente, etc... »

S'emparant de ce mot « exploitation », M. Innocent vient, aujourd'hui dire hardiment au Tribunal : Il était convenu, entre M. Gillman et moi, que nous exploiterions ensemble les mines du Corsente. C'est lui qui devait faire les fonds pour l'installation de l'usine, pour l'achat du matériel, etc., etc... Et c'est la somme de 140,000 fr. qui avait été convenue pour tout cela. »

Or, rien de pareil n'entrait dans la convention, et M. Innocent sait, mieux que personne, qu'il n'a jamais été dans l'intention de M. Gillman d'exploiter par lui-même, dans le sens étendu du mot exploitation, les mines du Corsente. Et, quand même il en eût eu la velléité, cela n'aurait pas été du goût de M. Innocent. Pour s'en convaincre, il n'y a qu'à lire son projet.

« Cette participation (dit-il) a pour but UNIQUE la vente à son « profit, en masse ou par fractions, soit à prix sec, soit par mises en « Société, ou l'un et l'autre modes, des concessions des mines aurifères » dites del Corsente. »

Ainsi, M. Innocent, dans son projet, ne voulait pas, lui, d'exploitation; c'est la *vente* à prix sec, ou par mises en Société, qui devait être le but *unique* de la participation.

Et quand il stipulait comme prix de son apport 130,000 fr. sur les premiers bénéfices à réaliser, ce n'était pas des bénéfices à provenir d'une rexploitation, mais bien des bénéfices à provenir de la vente de la concession, soit en masse, soit par fractions, qu'il entendait parler.

Plus tard, dans la lettre où se trouve la convention définitive, il a été dit, en prévision de découvertes aurifères exceptionnelles qui rendraient l'exploitation préférable à la vente, si elles venaient à se faire pendant les travaux de recherche, la Société aurait pour objet « l'exploitation ou la *vente* » des concessions. — Mais, est-il dit que, DANS LE PREMIER CAS, M. Gillman versera 14,000 francs pour faire le fonds de roulement? Non. Qu'il y ait exploitation, qu'il y ait vente, il doit verser 140,000 francs. Alors, comme en cas de vente, la Société n'aura pas besoin de fonds de roulement, à quoi serviront donc ces 140,000 francs, puisque, selon M. Innocent, ils ne doivent pas servir au payement des concessions Nicolas et Cⁱᵉ, et des prétendus droits Bataille et Allard?

Voilà à quelles conséquences, ou plutôt à quelles inconséquences, nous mène le système imaginé par M. Innocent, système qui aurait pour résultat de spolier M. Gillman d'une nouvelle somme de 120,000 francs.

Point n'était besoin de 140,000 francs pour les travaux préliminaires d'exploitation que M. Gillman et M. Innocent avaient en vue le 23 décembre 1868, et 20,000 francs paraissaient plus que suffisants pour les frais d'études, de voyages, de bureau, d'expériences et d'extraction d'échantillons de minerai à soumettre à ceux qui voudraient acheter ou entreprendre sur une grande échelle une exploitation que ni M. Innocent, ex-notaire, ni M. Gillman, banquier, n'avaient la moindre envie de faire.

§ 5.

CONCLUSION

Il devient facile, à présent, d'apprécier le mérite des conclusions de M. Innocent.

Il demande que M. Gillman soit tenu :

1° De lui payer les 15,000 francs restant dus sur le prix de la cession Allard.

Nous lui répondons que non-seulement il n'a pas droit à ces 15,000 francs, mais encore qu'il devrait restituer les 20,000 francs déjà touchés pour les mêmes causes, ainsi que les 15,000 francs indûment perçus sur les prétendus droits Bataille;

2° De justifier du versement des 140,000 francs.

Cette justification est toute faite. M. Gillman les a versés et au delà, cela résulte de son compte ;

3° De justifier de l'apport, dans la Société, des droits Nicolas et Cⁱᵉ.

Quant M. Innocent lui aura fourni la preuve de la radiation des deux inscriptions de privilége de vendeur, alors M. Gillman fera l'apport demandé.

4° De fournir le compte détaillé des opérations qu'il a faites pour le compte de la Société.

Ce compte a été présenté à la barre du Tribunal, M. Gillman en demande l'apurement avec autant d'instance que M. Innocent lui-même ;

5° De payer à M. Innocent 150,000 fr. de dommages-intérêts.

S'il y a quelqu'un qui puisse réclamer ici des dommages-intérêts, c'est bien M. Gillman.

Il a déjà décaissé plus de 156,000 fr., et, grâce aux agissements de M. Innocent, il n'a pas pu trouver encore à tirer parti de l'entreprise du Corsente. Son argent dort complétement ; M. Innocent, au contraire, a déjà touché 20,000 fr. du chef des Allard, et 15,000 fr. du chef des Bataille. qui ne lui revenaient certainement pas.

Maintenant,

M. Gillman demande :

1° L'établissement des comptes respectifs entre les parties.

Ceci est de toute justice. M. Gillman a dépensé 16,000 fr. de plus qu'il n'était tenu de faire. Il a été amené, par les manœuvres frauduleuses de M. Innocent, à verser, à tort, une somme de 35,000 fr. Il s'agit de savoir de combien, en définitive, M. Innocent sera débiteur de M. Gillman;

2° Acte des réserves qu'il fait de répéter contre M. Innocent les sommes qu'il lui a indûment payées.

Quoi de plus naturel. Il pourrait former, dès à présent, sa demande reconventionnelle, mais la condamnation ne ferait qu'entraîner des frais et des droits d'enregistrement.

3° Acte de sa déclaration relative à la constitution de la Société et l'émission des titres.

Qui peut désirer plus que M. Gillman et la constitution d'une Société régulière, et la délivrance des parts d'intérêts ou actions?

Mais encore faut-il que cette constitution et cette émission puissent être faites sans tromper les tiers.

Il a fixé, dans ses conclusions, le terme de six mois, à partir de l'apurement de son compte, dans la pensée :

1° Qu'à cette époque il y aura eu radiation des inscriptions des deux priviléges de vendeur Nicolas et Cⁱᵉ et Innocent ;

2° Et que la justice, ayant alors dit son dernier mot sur la réalité ou la non-réalité des apports de M. Innocent, on pourra présenter aux tiers, honnêtement, loyalement, une entreprise sérieuse.

Un mot encore :

En terminant sa Note, M. Innocent parle des précédents judiciaires de M. Gillman, tant à Marseille qu'à Paris et en Italie; il ose dire que

M. Gillman ne paie que lorsqu'il y est contraint, et que tous moyens lui sont bons. — M. Innocent sait pourtant que, jusqu'ici, M. Gillman a gagné tous les procès qu'il lui a mal à propos suscités, et qu'il vaudrait mieux ne pas parler de précédents judiciaires quand on compte parmi les siens, le jugement du Tribunal de Louviers et l'arrêt confirmatif de Rouen.

E. BEAUPRÉ, *avocat.*

BERTON, *avoué,*

39883   Paris. — Typ. et Lih. Vᶜˢ Renou, Maulde et Cock, rue de Rivoli, 144.

www.ingramcontent.com/pod-product-compliance
Ingram Content Group UK Ltd.
Pitfield, Milton Keynes, MK11 3LW, UK
UKHW022331170726
13837UKWH00005BA/2221